ECONOMIZE DINHEIRO SEM ACUMULAR ESTRESSE

Edson Oliveira

ECONOMIZE DINHEIRO SEM ACUMULAR ESTRESSE

Salvador – 2018
Empresa Gráfica da Bahia

Revisão
Arlete Castro

Editoração Eletrônica, Capa, Impressão e Acabamento
Empresa Gráfica da Bahia

S96   Santos, Edson Oliveira dos
          Economize dinheiro sem acumular estresse/Edson
     Oliveira dos Santos .—Salvador: EGBA, 2018

          106p.

          ISBN: 978-85-99366-94-3

          1. Literatura brasileira. 2. Economia. 3. Santos, Edson
     Oliveira dos. I. Título

                                                    CDD 869.8

Esclarecimentos do autor

As informações constantes neste livro são baseadas em meu ponto de vista. Assim, elas não visam influenciar ou modificar planos de qualquer natureza, muito menos ainda interferir na vida de leitores que tiverem acesso ao texto.

Algumas afirmações podem eventualmente ser úteis para quem considerar válidas as justificativas aqui apresentadas, todavia elas não devem alterar projetos de vida previamente definidos ou aqueles que já estejam em andamento. A decisão de rever essa posição é prerrogativa exclusiva e intransferível de cada pessoa.

É provável que muitos leitores concordem com alguns posicionamentos que apresento no texto. Isto poderá, eventualmente, de algum modo, refletir em seus comportamentos. Contudo, é recomendável que a decisão de mudar seja avaliada de maneira realista e de forma consensual, se houver necessidade de compartilhar esse propósito com alguém.

É importante ressaltar ainda que parte deste livro é manifestação livre do pensamento do autor e, por essa razão, o trabalho não deve ser considerado um guia para orientar as pessoas a tomarem decisões.

Para produzir o conteúdo do livro, realizei pesquisas e consultei textos específicos, mas várias situações aqui registradas foram vivenciadas por mim. Vale ressaltar ainda que as afirmações mais significativas do texto dizem respeito a erros que cometi, quando deixei de tomar decisões importantes porque não tive orientação e não era experiente o bastante para adotar a melhor atitude.

Finalmente, a decisão de ser escritor me fez acreditar que é importante compartilhar experiências, mesmo aquelas que não foram bem-sucedidas. Acredito que esta é uma atitude louvável.

O Autor

Sumário

Sobre a riqueza

Consta nos registros bíblicos que Salomão foi o homem mais rico que já existiu. Os textos sagrados não fazem referência à palavra estresse, pois, naquele tempo, esse termo ainda não era conhecido.

O rei Salomão nasceu por volta do ano de 974 antes de Cristo. Portanto, ele viveu há aproximadamente três mil anos. Também está escrito na Bíblia que ele foi coroado rei de Israel com 12 anos de idade. Durante seu domínio, Salomão organizou o reino, ordenou a construção do templo que levou seu nome e produziu vários provérbios sobre a sabedoria.

Os textos religiosos também fazem referência à riqueza dos povos da época em forma de terras, rebanhos, prata, ouro, bronze, ferro, tesouros ocultos e muitas roupas trabalhadas a mão, conforme era o hábito daquele tempo.

Do ponto de vista espiritual e religioso, consta também em algumas anotações bíblicas que a maior riqueza que uma pessoa pode adquirir na face da Terra é a de alcançar a glória em abundância.

Nos dias atuais, a riqueza está associada à posse de muitos bens materiais, obtidos por diversos meios. O trabalho qualificado e a criatividade são as formas mais utilizadas para alguém alcançar fortuna. Assim, as pessoas desejam ganhar dinheiro para sentirem a sensação de riqueza e de poder. A forma de obter esses recursos financeiros é que vai identificar se o sacrifício foi válido e se essa riqueza é justa e merecida.

Muitos desistem dessa busca durante o percurso, porque essas pessoas entendem que a caminhada é muito árdua e que não vale a pena ser rico com tanto sacrifício físico e emocional, que quase sempre resulta em elevado nível de estresse e pouca qualidade de vida. A lista de desistentes é grande, da mesma forma que é extensa a relação dos que capitularam no meio do caminho, desviando suas rotas para as drogas lícitas e ilícitas. Após intenso sofrimento, várias pessoas buscaram e encontraram na fé o conforto espiritual e a paz que tanto desejavam.

Tenho algumas lembranças de pessoas que conheci na minha juventude. Diversas delas serviram de inspiração para alguns tópicos deste livro. Lembro-me também de gente que tinha muito dinheiro e, ao mesmo tempo, acumulava estresse. Também conheci aqueles que tinham pouco dinheiro, mas viviam de forma tranquila, sem estresse.

Penso que a lógica da vida não é ter muito dinheiro e, ao mesmo tempo, acumular muito estresse, embora isso me pareça inevitável. Talvez algumas exceções sejam aquelas pessoas que ganharam prêmios milionários em loterias e, de um dia para a noite, viram suas vidas serem transformadas. Mas esta sorte não está ao alcance de todos.

A combinação entre desejar ter muito dinheiro e ao mesmo tempo viver muito preocupado é a que mais predomina no contexto atual. A falta do "vil metal" é de fato ruim, mas milhões de pessoas sobrevivem, no mundo inteiro, com o pouco que ganham. E essas pessoas aparentam viver com mais tranquilidade, mesmo precisando batalhar muito para conseguir o pão de cada dia e sustentar suas famílias.

Há um ditado popular, cantado nos versos de uma antiga e consagrada música popular brasileira, que diz assim: "Deus dá o frio conforme o cobertor".

Sobre o estresse

A palavra estresse, segundo publicações disponíveis em livros e na *internet*, é de origem inglesa e significa pressão, tensão, insistência em determinada ação.

Vários registros, constantes em artigos e textos da literatura científica da medicina, indicam que o estresse altera o estado físico e o emocional das pessoas. Ele está associado ao mal-estar gerado pela percepção de estímulos que provocam agitação mental, com reflexos negativos para o corpo humano. De acordo com as anotações que encontrei, essa reação leva o organismo a recorrer a um processo de adaptação, de forma natural ou então por meio de recursos artificiais como álcool e outras substâncias nocivas ao organismo humano.

O estresse é caracterizado ainda pelo aumento da secreção de adrenalina e sua incidência provoca consequências desagradáveis aos indivíduos e a vários outros animais. Do ponto de vista das atitudes e da mudança de comportamento, diz-se que uma pessoa está estressada quando ela apresenta sintomas de constante irritabilidade ou então demonstra ter pouca tolerância a situações aparentemente normais para o dia a dia das pessoas que não estão estressadas.

Algumas atividades estão mais propensas a esses sintomas devido ao elevado nível de pressão ao qual os profissionais são submetidos diariamente, seja por dever de ofício ou por condições inadequadas de trabalho. É extensa a lista de atividades com essas características.

De acordo com várias fontes de pesquisas e leituras que realizei sobre o tema, as reações físicas e psicológicas dos seres humanos acontecem desde os primeiros momentos de sua existência. Essas manifestações comportamentais não eram facilmente reconhecidas porque não havia estudos sobre o tema estresse. Algumas atitudes mais extremas eram tidas como manifestação de loucura.

Os primeiros indicadores de anormalidade no modo de reagir dos indivíduos só foram percebidos a partir de registros que identificaram variações de atitudes em pessoas da mesma etnia ou do mesmo grupo social. Atribuía-se a interferências demoníacas a manifestação de reações consideradas estranhas.

Descobridores, navegadores, aventureiros de todas as nações e, principalmente, os povos guerreiros da antiguidade possibilitaram aos pesquisadores o início do ciclo de observações sobre o sofrimento dos seres humanos envolvidos naqueles conflitos. Os registros puderam identificar os primeiros sintomas de estresse, cuja principal evidência de alteração de comportamento era a manifestação de medo ou a prática de atitudes agressivas como forma instintiva de defesa.

Alguns especialistas que passaram a pesquisar de maneira mais intensa sobre o assunto afirmam que o estresse é um mecanismo necessário, que faz parte do instinto natural de sobrevivência dos seres humanos e de vários outros animais. Contudo, outra corrente de pensamentos acredita que seria possível viver bem mais tempo e com melhor qualidade de vida se as pessoas tivessem consciência dos fatores que provocam o estresse e procurassem evitar essas situações. Essa corrente acredita que desconhecer uma informação ou ser indiferente a um determinado problema ajuda a pessoa a viver melhor.

Durante vários anos, as indústrias farmacêuticas desenvolvem pesquisas para encontrar alguma solução para o estresse e a ansiedade. Por outro lado, os especialistas em comportamento humano, no Brasil, e também em outras partes do mundo, desenvolvem técnicas que comprovadamente ajudam a manter o equilíbrio do corpo e da mente.

Exercícios físicos, bons hábitos alimentares e cuidados gerais com a saúde ajudam na luta diária em busca do bem-estar. Por outro lado, a fuga por meio do uso de drogas, lícitas ou ilícitas, não tem eficácia comprovada.

Eu já experimentei algumas técnicas orientais e acredito que elas ajudam a reduzir o estresse. Meditação, relaxamento corporal e música de qualidade produzem bons resultados. Algumas atividades dessa natureza devem ter, sempre que for possível, orientação de profissional competente.

Lembranças

No início da década de 60, conheci um senhor que tinha, aproximadamente, 60 anos de idade. Ele era um estrangeiro radicado no Brasil que viveu todo o tempo de sua vida economizando boa parte de sua renda. Trabalhou por mais de 40 anos juntando dinheiro literalmente debaixo do colchão. Ele abriu uma fenda em seu colchão de algodão e lá guardava as cédulas e moedas da época. Naquele tempo, cofres de aço eram muito caros e não era fácil encontrar o equipamento. O estrangeiro colocava seu dinheiro em um plástico e guardava na parte voltada para a cabeça, debaixo de seu travesseiro. Diariamente, ao deitar, ele verificava se o pacote estava ali. Isso, certamente, lhe provocava enorme estresse diário.

Certo dia a arrumadeira de sua casa estava fazendo faxina e, sem saber do pacote de dinheiro que estava guardado ali, virou o lado do colchão. Quando o senhor foi deitar, percebeu que o pacote de dinheiro não estava mais no lugar de sempre. No dia seguinte, ele prestou queixa ao delegado da cidade contra a empregada. Essa atitude terminou revelando que ele possuía uma pequena fortuna em dinheiro que ficava guardado em sua casa.

Após as investigações de rotina, ficou comprovado para o delegado que não houve roubo do dinheiro.

A empregada decidiu abandonar o trabalho porque perdera a confiança no seu patrão. O seu patrão jamais se recuperou do susto que levou, porque acreditou que sua fortuna tinha sido roubada.

Esse episódio foi um acontecimento real e naquela época não se falava em estresse. Aquele senhor foi a primeira pessoa que conheci que, provavelmente, vivia muito estressado, porque precisava manter em segredo a existência do dinheiro que ele guardava com cuidado dentro do colchão de sua cama. Aquela foi também a primeira lição que aprendi sobre a relação entre dinheiro e estresse, mesmo sendo ainda muito jovem na época para me envolver com esse tipo de preocupação.

Tempo não é dinheiro

A primeira vez que refleti sobre a importância do tempo livre foi quando li o livro *O Ócio Criativo*, de autoria do sociólogo italiano Domenico De Masi. O texto, que tem abordagem sociológica como principal temática, ajuda a clarear nossa visão sobre a utilidade de tempo e como ele pode contribuir para nosso processo criativo.

Há um ditado popular que utiliza metáfora para afirmar que "tempo é dinheiro". Essa expressão diz respeito à possibilidade de ganharmos mais dinheiro utilizando nosso tempo disponível. Isto é possível, desde que seja com criatividade e sem sobrecarga. Quem dispõe de tempo livre é um privilegiado, mas é preciso utilizá-lo da melhor maneira possível para que ele não seja transformado em estresse.

Quando uma pessoa acredita que tempo é dinheiro, ela vai decidir continuar trabalhando até não ter mais condição física para isto. O objetivo é acumular mais recursos financeiros e sonhar com a riqueza desejada. Depois de mais alguns anos de trabalho, essa pessoa vai perceber que o dinheiro não terá qualquer utilidade prática para a sua vida, visto que ela estará com a saúde debilitada e com pouca disposição para usufruir, da melhor forma possível, dos recursos financeiros que ela acumulou ao longo de vários anos de trabalho.

Ter tempo livre é uma boa oportunidade para quem sabe administrar essa riqueza, com ideias e pensamentos produtivos. É importante saber o que podemos fazer com esse tempo disponível, para não o associar exclusivamente a um projeto financeiro.

Várias pessoas se aposentaram cedo no Brasil, e em outros países de mundo, porque compreenderam que aquele era o momento certo de ter uma vida menos agitada, embora elas soubessem que teriam também menos dinheiro. Algumas dessas pessoas, por diversos motivos, voltaram a trabalhar. Outras prefeririam trocar o dinheiro pelo prazer de usufruir melhor a vida que conquistaram com a ociosidade.

O que muda no perfil das pessoas é o nível de envolvimento que elas estabelecem em relação ao tempo e ao dinheiro. Isto significa que, quanto mais nos envolvemos com projetos que resultam em elevados ganhos financeiros, mais alto será o nosso nível de sacrifício e estresse, sendo também maior a nossa necessidade de tempo e de dedicação ao trabalho remunerado. Quando estabelecemos um limite para nossos desejos pessoais, é provável que teremos menos vontade e disposição para ganhar dinheiro, embora isto seja possível por meio da criatividade.

Quando me refiro a ter bastante dinheiro, entendo que não vale a pena a busca alucinante por um padrão de vida muito elevado, visto que, quanto mais desejamos alcançar esse padrão, certamente maior será a nossa necessidade de tempo ou, quando for o caso, de ideias criativas para viabilizarmos esse plano. Essa decisão também envolve sacrifícios e aumenta o estresse.

A sabedoria consiste em identificar o meio-termo dessa equação para equilibrar vida tranquila com baixo nível de estresse, além do menor sacrifício físico e mental possível. Entendo que não devemos utilizar muito tempo em atividades não prazerosas.

A melhor maneira de avaliar a importância do tempo é verificando a distribuição das 24 horas que recebemos da vida diariamente. Elas são iguais para todas as pessoas, mas a sua utilização depende das escolhas que cada um faz.

Em situações de normalidade, nós utilizamos o tempo no trabalho, no lazer e no convívio familiar. Nas grandes cidades, também deve ser considerado o tempo gasto para chegarmos ao local de trabalho e de diversão. Administrar esse deslocamento permite melhorar a nossa qualidade de vida e aumentar nossas horas de descanso e relaxamento. Essa atitude pode reduzir o estresse, porque diminui o desgaste que sofremos no trânsito dessas cidades.

Faça planos realistas

Embora o planejamento estratégico tenha sido bastante discutido nos ambientes de negócios, essa técnica é pouco utilizada na vida pessoal. Os pais não ensinam os filhos e os irmãos mais experientes não repassam seus conhecimentos para os demais. As famílias não compartilham as experiências, boas e ruins, porque acreditam que vale mais a liberdade de escolha de cada um do que eventual opinião sobre temas complexos que envolvem dinheiro e decisão pessoal. Também são poucos os casais que discutem sobre um projeto de vida a dois, evolvendo planejamento para o futuro e modo de atuação no presente para alcançar metas estabelecidas.

Há uma constante divergência de ponto de vista entre pessoas que são a favor de planejar o futuro e aquelas que defendem a ideia de que é preciso viver intensamente o presente, pois não devemos deixar para amanhã o que pode ser feito hoje.

Confesso que é difícil saber qual é a melhor escolha, mas não sou a favor de posições radicais. O dia de hoje acaba à meia-noite e o futuro começa amanhã bem cedo e por isso não há tanto tempo assim para tomar decisões importantes.

Sou de opinião que o plano mais adequado é aquele que contempla viver o presente com moderação, sem comprometer o futuro. Essa equação é possível, mas precisa de calma, monitoramento de algumas ações e flexibilidade nas decisões.

Fazer planos mirabolantes para o futuro é tão arriscado e estressante quando não planejar nada para amanhã. Definir ações prioritárias exige sempre algum grau de sacrifício e isso é inevitável para se atingir objetivos de médio e de longo prazo.

Tente obter renda extra

Economizar dinheiro de maneira inteligente é uma atitude sempre recomendável em qualquer situação. O problema é quando essa decisão transforma sua vida em risco ou quando você começa a demonstrar sinais de estresse por causa do hábito de fazer economia. Algumas pessoas têm isso de tal forma impregnado em seu modo de vida que chegam a fazer sacrifícios absurdos para guardar mais algum dinheiro, mesmo quando já alcançaram um nível de renda elevado e acumularam poupança razoável. Esse comportamento é indicativo de excesso de preocupação com o futuro, com forte vocação ao apego a dinheiro, em detrimento da ausência de qualidade de vida no presente.

O ditado popular que afirma que o dinheiro foi feito para o gasto não se aplica de forma direta em todas as situações da vida. É importante ter em mente que fazer uma reserva financeira é também uma maneira de evitar estresse no futuro. A maior dificuldade que surge é equilibrar a necessidade de economizar com a adequada forma de fazer bom uso de parte do dinheiro no presente. Esse exercício é de fato muito difícil para a maioria das pessoas, porque requer uma visão realista do que a vida representa no momento e o que ela pode significar no futuro.

Conheci, e ainda conheço, pessoas que passaram a vida economizando de forma exagerada. Elas esqueceram que é preciso viver um pouco melhor, proporcionar alegria para a família e cuidar bem de si mesmo. Quando deixamos de fazer isso, passamos a viver em função de trabalhar para ganhar mais dinheiro. Essa não é a prática de vida mais saudável que temos para escolher.

A melhor forma para equilibrar a necessidade de gastar mais e ao mesmo tempo manter o plano de economizar uma parte dos rendimentos é buscando alternativas para ganhar dinheiro extra. Sei que não é fácil conseguir, de forma decente, ganhar mais dinheiro. Todavia há oportunidades que podem viabilizar esse projeto. De acordo com estudos de alguns especialistas, muitas pessoas são detentoras de habilidades específicas, além daquelas de que elas já dispõem para executar suas atividades profissionais. Explorar essas habilidades adicionais e utilizá-las como fonte complementar de renda pode ser uma alternativa viável para quem deseja sair das amarras de uma única fonte de rendimentos.

É importante tomar cuidado para que essa fonte alternativa de renda não se transforme em fator de estresse. Equilibrar esse jogo é boa opção para quem tem a oportunidade de ganhar mais dinheiro, sem precisar exagerar na jornada de trabalho. Há um ditado muito sábio nesse sentido: trabalho é meio de vida e não meio de morte ou de sofrimento.

Investimentos

M uitos países com potencial para desenvolvimento são observados por médios e grandes investidores do mundo. Esses países oferecem várias alternativas de investimentos para quem desejar aplicar seus recursos financeiros.

A volatilidade dos mercados de capitais tem gerado elevado nível de estresse para muitos investidores. Uma aplicação malsucedida pode gerar prejuízos financeiros milionários.

Os países emergentes são os que mais atraem investidores, haja vista as oportunidades que eles apresentam. São considerados emergentes os países que integram um bloco de cinco grandes nações. Eles são conhecidos por BRICS (Brasil, Rússia, Índia, China e África do Sul) e possuem algumas características comuns, sendo que o principal objetivo desse bloco é compartilhar posições econômicas semelhantes. A China se destaca por apresentar o maior Produto Interno Bruto (PIB) do bloco. Em seguida, destaca-se o Brasil que, apesar da forte série de crises verificadas no ano de 2016, ocupa o segundo lugar nessa classificação. Depois vêm a Índia, a Rússia e, em última posição, a África do Sul, em relação ao PIB de cada país.

O investidor brasileiro é bastante conservador e tem preferência por aplicações seguras. A caderneta de poupança é a opção mais atraente para a maioria dos pequenos investidores. Isto se deve ao fato dessa aplicação oferecer rentabilidade satisfatória e ser de fácil operacionalização. As outras opções mais vantajosas exigem conhecimento de mercado e disposição do investidor para ficar com o capital aplicado por períodos mais longos.

Nos últimos anos, o destaque para aplicações seguras tem sido o Tesouro Direto. Essa modalidade de investimento oferece melhor rentabilidade do que a poupança e também é muito segura. Essa aplicação oferece planos diferenciados para o investidor e, se o projeto de investimentos for para períodos superiores a 12 meses, a opção é muito vantajosa.

O que deixa de ser interessante é quando o pequeno investidor aplica seus recursos em ações, sem uma orientação confiável, e fica exposto às oscilações do mercado nacional e internacional. Essa modalidade de investimento pode provocar elevados níveis de estresse, porque os telejornais informam diariamente as oscilações que ocorrem nas bolsas de valores no Brasil e do mundo.

Ninguém precisa de 500 milhões de dólares

As loterias proporcionam, diariamente, o sonho da fortuna para milhões de pessoas no mundo inteiro. Pesquisei durante anos quais são as probabilidades de alguém ficar milionário apostando em jogos de loterias. A conclusão foi decepcionante porque percebi que as chances são mínimas, embora isto seja possível.

A análise mais realista sobre as fortunas existentes no mundo demonstra que são poucos os milionários que alcançaram sucesso por meio de loterias. Entre as pessoas mais ricas no ano de 2016, segundo a revista *Forbes*, não havia um único ganhador de prêmio de loterias.

Confesso que nunca fiz projeto para ser milionário. Acredito que isto justifica, em parte, minha pouca expectativa a esse respeito. Sou, por filosofia de vida, contra o acúmulo excessivo de bens. Acredito que ninguém precisa ter nada além daquilo que é necessário para levar uma vida digna e tranquila.

Em minhas elucubrações diárias, fico imaginando qual é a utilidade real do dinheiro para uma pessoa que tem conta bancária com saldo de 500 milhões de dólares. Essa quantia, no início de 2018, correspondia a um valor superior a um bilhão e seiscentos milhões de reais.

Alcançar uma fortuna dessa magnitude não é fácil, embora tenha muita gente pelo mundo com valores superiores a esse. O que não consigo imaginar é o que faz alguém com a sobra do dinheiro que perdeu a utilidade? Por mais que exista uma explicação, não é convincente afirmar que o futuro é incerto e por essa razão é preciso guardar muito dinheiro. Casas, carros, aeronaves e outros bens de valor, é possível conseguir tudo isso com menos de um terço de 500 milhões de dólares. As eventuais ostentações não devem fazer parte dessa projeção.

Certa vez li em uma revista internacional que alguns megainvestidores não sabiam mais o que fazer com o dinheiro que lhes sobrava na conta bancária. Muitos criavam fundações e ajudavam com dinheiro e bens várias outras instituições beneficentes. Essa é uma atitude louvável e que poderia ser o destino de muitos bilhões de dólares que são acumulados em poder de poucas pessoas e empresas no mundo.

De outro ponto de vista, a lógica mais simples é que, para alcançar essas fortunas, seus detentores precisaram passar, e provavelmente ainda passam, por muito estresse. Confesso que não consigo compreender a lógica na relação entre o ser humano e o dinheiro, se para obter muito é preciso sofrer demais. Desprender-se de forma inteligente de parte desses recursos poderia proporcionar um bem-estar muito grande aos afortunados e aliviar a carência dos necessitados. Mas a visão humana, com algumas exceções, é de quanto mais ter melhor.

Extremos

Desde jovem, eu acompanho o noticiário mundial sobre pobreza extrema e riqueza absoluta. Quando estudei história geral e geografia dos continentes, ainda cursando o primeiro grau, fiquei bastante impressionado com as condições de vida na África comparadas com o tão desejado sonho americano. Nunca entendi a razão da existência desses dois pontos tão distantes, mas sei que eles representam o que há de mais antagônico na vida das pessoas, quando analisados sob a ótica humanista.

Está na essência do ser humano desejar o que há de melhor para si e para os seus entes queridos mais próximos. Também faz parte dos planos alcançar, o quanto antes possível, a chamada independência financeira. Essa corrida frenética coloca as pessoas em um difícil dilema existencial: aumentar o estímulo para buscar a riqueza, mesmo convivendo com muita pobreza em sua volta. Para sair dessa armadilha, é necessário tentar alcançar um ponto de equilíbrio, estabelecendo limite para o sonho de riqueza e um bom posicionamento na vida, observando o critério da dignidade e da simplicidade. Esse intervalo que serve de área limítrofe está acima da pobreza extrema e abaixo da riqueza absoluta. A pobreza extrema é não ter quase nada para sobreviver, enquanto a riqueza absoluta é ter muito mais do que o necessário para levar uma vida tranquila. Equilibrar esse jogo de desejos e posições provoca muito estresse, mas é possível obter bons resultados a partir de um projeto de vida original, baseado em princípios éticos, honestidade e sensibilidade diante dos problemas humanitários.

Acumular riqueza para não ficar na pobreza é uma lógica um tanto perversa, que modifica o sentido de solidariedade, humildade, bondade e generosidade entre todos os povos. Sempre acreditei que há no mundo tudo de que as pessoas necessitam para viver sem grandes sacrifícios, desde que todos saibam dividir e compartilhar o que há por aqui.

Economize dinheiro sem acumular estresse

O termo economizar é muito abrangente e pode ser aplicado em diversos contextos. Entendo que sempre existe a possibilidade de fazermos economia sem que seja necessário nos submeter a enormes sacrifícios, tanto do ponto de vista financeiro, que significa obter bons resultados favoráveis em uma transação que envolva dinheiro, quanto na forma como devemos utilizar os diversos bens de uso e consumo.

Ao longo da minha vida, várias vezes precisei fazer economia de maneira compulsória, porque não havia outra alternativa. Racionamento de água, energia, alimentos (escassez de alguns produtos como feijão, trigo, frango, carne, leite e outros). Na vigência do Plano Cruzado, lançado no início do ano de 1986, muitos brasileiros passaram por esta situação. Os preços dos produtos foram tabelados e a escassez de alguns itens atingiu os supermercados. O referido Plano foi um fracasso total.

Ao fazer uma análise mais profunda, verifica-se que no período de 1968 a 1973, quando foi anunciado o "milagre econômico brasileiro", o país contava com pouco mais de 90 milhões de pessoas. Apenas 46 anos depois, a população mais que dobrou. São mais de 200 milhões de habitantes no país. É um número considerável, se analisarmos do ponto de vista do aumento da população de outros países do mundo no mesmo período.

Durante a crise energética brasileira, também conhecida como crise do apagão nacional, ocorrida entre junho de 2001 e fevereiro de 2002, os brasileiros foram obrigados a participar do racionamento de energia elétrica que foi imposto pelo governo federal e, em decorrência disso, precisaram recorrer a lampiões a gás para iluminar os ambientes do lar.

Em nossa residência, banho quente de chuveiro elétrico estava descartado, porque era uma ameaça à nossa cota de consumo de energia estabelecida pelo referido governo. Tudo aconteceu de forma muito rápida, mas foi preciso que a população modificasse alguns de seus hábitos para superar a crise. Naquela oportunidade, houve significativa mudança de comportamento. As pessoas foram obrigadas a reeducar alguns hábitos de consumo, porque perceberam a necessidade de economizar energia.

A crise energética continua rondando nosso país, inclusive de forma mais rigorosa, sem que haja uma conscientização coletiva sobre a melhor maneira de economizar água, alimentos, energia elétrica etc. As pessoas não mantiveram o hábito de racionalizar o uso desses recursos e nós, brasileiros, corremos o risco de novos apagões e também de escassez de água. Algumas cidades já experimentam esse drama.

Praticar boa economia é obter, de forma continuada e sustentável, um bem ou um serviço em condições financeiras favoráveis, observando-se os critérios de qualidade, racionalidade, razoabilidade e também a utilidade residual.

Qualidade

Este é sempre um fator favorável em qualquer situação. Existe uma guerra mercadológica no Brasil, e em outras partes do mundo também, que é mantida porque alguns consumidores não conseguem estabelecer um diferencial entre um produto de qualidade e outro sem esse requisito. Em algumas situações, esta tentativa de identificação é difícil, principalmente para a maioria dos compradores, porque muitos deles não têm o hábito de ler as informações constantes nos rótulos ou nos manuais de fabricação que identificam cada produto. Um detalhe sobre a produção, por exemplo, pode fazer muita diferença de preço. Exemplo disso está nos automóveis, que já são classificados por categorias: populares, intermediários e de luxo. É natural que haja diferenças significativas entre o modelo popular e o de luxo. Também é provável que a qualidade dos materiais utilizados em um e outro seja diferenciada. As grandes marcas de automóveis oferecem opções para o consumidor montar a versão que mais lhe agrade, acessando o *site* da montadora via internet.

Quando a comparação é feita em relação à execução de determinados serviços, identificar diferença de qualidade é bem mais difícil. Como podemos conferir se determinada oficina realizou bom serviço em nosso

veículo? Essa resposta só pode ser conhecida se iden-
tificarmos que o estabelecimento é bem-conceituado
na praça. Vários estabelecimentos do gênero tornam-se
referência de bons serviços por causa do trabalho de di-
vulgação de clientes que já utilizaram seus serviços. Isto
é bom para quem necessita de informações sobre a qualidade e o nível de atendimento.

Há muitas informações na internet sobre serviços
prestados por algumas empresas. É conveniente consul-
tar esses registros antes de fazer escolhas.

Racionalidade

Diz respeito à efetiva necessidade de se adquirir o bem ou o serviço naquele momento e nas condições que se apresentam. É sempre possível esperar um pouco mais para tomar a decisão de consumo se não for uma demanda imediata. Muitas vezes, essa espera traz vantagens competitivas e financeiras. Adquirir um imóvel na planta, oferecido por construtora de credibilidade, pode ser vantagem competitiva e financeira. Competitiva porque permite que o comprador tenha várias opções de escolha e financeira, haja vista que, ao adquirir o bem, ele passa a ser um dos financiadores da obra. Esta decisão deve ser bem avaliada, porque o que está em jogo é o êxito da construtora.

Razoabilidade

Este critério avalia se o valor pago é compatível com a efetiva utilidade do bem ou serviço. Não é razoável adquirir algo de valor representativo que não tenha utilidade prática. Eu nunca desejei ter um relógio à prova de água, para mergulhos de 200 metros de profundidade, porque não sei mergulhar.

De acordo com alguns artigos especializados na área, a tecnologia da informação oferece ao mercado muitos produtos sofisticados que seriam bem mais úteis para seus compradores se eles utilizassem pelo menos 20 por cento de todos os recursos tecnológicos disponíveis nesses produtos. Um celular de última geração disponibiliza aplicativos e utilitários excelentes, mas, nos países menos desenvolvidos, estima-se que alguns usuários desses aparelhos não conseguem utilizar vários recursos oferecidos. Pelo critério da razoabilidade, as pessoas que não necessitam de equipamentos assim deveriam adquirir modelos mais simples. Todavia as campanhas publicitárias realizam um trabalho de marketing muito forte e conseguem convencer compradores a adquirir aparelhos dos quais eles, provavelmente, não necessitarão de todos os recursos disponíveis.

Valor residual

O valor residual de um bem durável representa a quantia que é apurada em eventual operação de venda ou de locação desse bem, após sua utilização por algum período. Muitos bens perdem seu valor residual ao atingirem a obsolescência. Isto significa que esses produtos não têm mais como ser utilizados ou reciclados, por variados motivos. Uma antiga máquina de datilografia, que permaneceu guardada por muitos anos, deixou de ter utilidade porque dificilmente alguém vai precisar dela.

Economizar sem estresse é obter os melhores benefícios possíveis, baseados em atividades lícitas e justas, tendo como contrapartida o bem-estar e a satisfação pessoal. Quando alguém economiza com sofrimento (sentimento de desconforto físico e emocional, sacrifício exagerado, privação do lazer, sensação de usurpação dos direitos alheios e outros sintomas parecidos), essa economia só representa um ganho financeiro, cuja validade precisa ser bem avaliada. Se for economia compulsória (quando o dinheiro disponível não dá para comprar um produto melhor), a única opção é ficar com aquilo que se pode ter. Nesta hipótese, a decisão é coerente e justifica o esforço. Todavia, se a economia é uma decisão intencional que não avalia as consequências negativas que ela pode proporcionar, é necessário que a pessoa reveja seu comportamento.

Por ser uma questão muito pessoal, essa reflexão deve ser seguida de uma avaliação sobre o projeto de vida que se escolheu. Há quem prefira, por qualquer razão, viver intensamente o presente. Do mesmo modo, outras pessoas preferem economizar no presente visando ter uma vida mais tranquila no futuro.

Se você se enquadra no grupo que não acredita no futuro, certamente vai concordar com quem considera importante viver intensamente o presente. Mas se você segue o pensamento daqueles que planejam uma vida mais tranquila no futuro, provavelmente vai preferir economizar no presente da melhor maneira possível. Vale ressaltar que os dois posicionamentos são válidos, visto que dependem do projeto de vida de cada um. Entendo que é importante pensar no futuro, mas é fundamental não ter estresse no presente.

Eventos que provocam estresse

Há várias situações que provocam estresse em algumas pessoas. Muitos eventos sociais estão incluídos nessas situações. Alguns amigos meus comentam, em tom de desabafo, que não gostam de compromissos sociais porque eles são estímulos ou fatores externos que provocam estresse. Em uma pesquisa informal que fiz, em um universo de dez pessoas do sexo masculino, o resultado apurado foi o seguinte: duas votaram a favor dos eventos; sete, contra. Uma pessoa preferiu não responder.

Nessa pesquisa, os eventos estressores mais citados pelo grupo pesquisado foram: almoço comemorativo de final ano; aniversário de criança; casamento; datas especiais no trabalho; encontros religiosos e formaturas.

A ordem das respostas não foi a mesma para todos que participaram da pesquisa informal.

Alguns desses eventos são fortes geradores de estresse, por várias razões. As formaturas são bastante rejeitadas porque elas excedem em formalidades e permitem, ao mesmo tempo, que parentes e amigos de alguns formandos utilizem apitos e buzinas no local da solenidade. Algumas instituições mais rigorosas já adotam a prática de não permitir tal comportamento.

Além do inconveniente relacionado ao barulho durante o evento, quase sempre não há estacionamento para todos.

Esse problema acontece mais em grandes capitais, porém ocorre também em outras cidades de menor porte. Nessas situações, os convidados precisam desistir do veículo próprio e fazer o deslocamento de táxi.

A economia que ir de carro próprio proporciona não compensa o desgaste gerado pela dificuldade de estacionamento. Quando o evento for em local muito distante e o percurso tiver bom fluxo de tráfego, convém analisar a viabilidade de ir de carro próprio. Em outras situações, onde seja potencial a possibilidade de estresse no trânsito, o gasto com transporte alternativo faz parte do cuidado pessoal.

As festas de Carnaval, São João, Natal e Ano Novo são as mais sacrificantes para quem não deseja acumular estresse. Há também os feriados locais de cada região. Nessas épocas do ano, as demandas crescem e o estresse aumenta na mesma proporção. Além disso, há considerável aumento do consumo de bebidas alcoólicas e muita pressa de alguns motoristas. Isso implicava mais riscos de acidentes de trânsito.

Além das situações acima, outros eventos que contribuem para elevar os níveis de estresse são: adaptação a novas situações (eventual troca de emprego, de cidade, de escola etc.); casamento; compromissos financeiros mal resolvidos; doenças graves de pessoas da família; excesso de trabalho e de responsabilidade; frustração de expectativas; gravidez de risco; hábitos não saudáveis; morte de entes queridos; nascimento de filhos; relacionamento pessoal conflituoso ou então decepcionante; sentimento de desprezo amoroso ou familiar; sentimento de mágoa e desespero; separação litigiosa.

A relação de eventos estressores é bem ampla e lidar com cada situação depende do nível de autocontrole que a pessoa possui. Há bons especialistas na área de psicoterapia que podem ajudar a melhorar os sintomas do estresse elevado.

Alimentação

Muitas famílias brasileiras gastam parte significativa de sua renda com moradia, alimentação, escola dos filhos, manutenção do lar e lazer, sendo que este último item se situa em um plano secundário. Fiz uma pesquisa sobre o gasto mensal com o consumo de alimentos para quatro pessoas em uma residência de classe média alta. O grupo pesquisado não tem hábito de exagerar em alimentação. O resultado do levantamento foi surpreendente: constatei que as pessoas gastam muito dinheiro com alimentação, se alimentam mal e ainda acumulam estresse para preparar alimentos diariamente.

Na análise, realizada com base em estimativa, cada pessoa consome por dia, aproximadamente, 1.000 gramas (1 Kg) de alimentos. Essa conta inclui café da manhã, lanches durante o dia, almoço e jantar. Guloseimas consumidas eventualmente não foram consideradas neste cálculo.

A partir dessa observação, pude constatar o grau de desperdícios que há com a alimentação. Quando tem secretária na residência, o cenário fica mais confuso. É preciso avaliar se é vantajoso ter uma empregada doméstica para ajudar nas tarefas do lar ou se é preferível almoçar na rua e eventualmente preparar a própria comida. Para responder essa dúvida, é importante levar em consideração os hábitos de cada família. Eu penso que é sempre positivo, e cômodo também, ter alguém em casa para auxiliar na execução das tarefas diárias. Além de repetitivas e cansativas, em alguns momentos essas atividades viram rotinas chatas.

O que deve ser levado em consideração é a viabilidade ou não de ter uma doméstica em casa. As secretárias do lar ganham realmente pouco para as atividades e as responsabilidades que lhes são atribuídas, mas mantê-las representa um elevado custo financeiro para as famílias. Além disso, muitas vezes elas ficam sozinhas na residência, sem as orientações necessárias de como economizar na cozinha. Na maioria das grandes cidades, famílias que trabalham fora poucas vezes almoçam em casa, principalmente durante a semana. O desgaste no trânsito, a falta de tempo e o cansaço natural que esse deslocamento provoca fazem com que as pessoas prefiram almoçar no trabalho ou em local próximo dele. Algumas empresas disponibilizam refeitórios.

As perguntas que podem ser feitas são as seguintes:

1. Quanto se gasta com uma empregada doméstica mensalmente, considerando-se todos os benefícios que são justos e a que elas têm direito?

2. Qual o valor médio mensal das compras de supermercado ou da feira livre quando a alimentação é preparada em casa?

3. A opção de fazer refeição fora de casa é melhor e mais saudável?

4. Alguém precisa fazer alguma dieta especial?

5. O que proporciona mais tranquilidade, comer na rua ou manter uma doméstica em casa para preparar os alimentos?

Acredito que muitas pessoas preferem a opção de almoçar fora de casa, sendo esta a principal refeição do dia. Claro que há exceções, principalmente para quem tem filhos pequenos. Eles precisam de acompanhamento e cuidados.

Avaliar corretamente as opções disponíveis requer algum conhecimento sobre orçamento doméstico. É importante avaliar também se o desgaste para almoçar em casa compensa. A possibilidade de ter diarista, com dias da semana programados para cada atividade, pode proporcionar bons resultados na busca da solução ideal.

Casa própria

A conquista da casa própria é um desejo natural e um projeto de vida para a maioria do povo brasileiro. A sensação de liberdade associada à tranquilidade de ter onde morar fez com que ter uma residência própria fosse visto como uma grande conquista na vida. Nosso primeiro apartamento tinha pouco mais de 60 metros quadrados e vivemos nele, eu, minha esposa e as nossas duas filhas, durante 10 anos.

Quando decidi comprar aquele imóvel, nos primeiros meses de casamento, imaginei que não necessitaria de uma garagem, pois acreditava que não poderia comprar um carro tão cedo. Na época, o valor para incluir a garagem aumentava bastante a parcela do financiamento. Somente alguns anos depois, quando decidimos vender o imóvel para adquirir outro maior, percebemos quanto aquela garagem agregava valor de mercado ao bem. A suposta economia na ocasião que realizamos a compra transformou-se em fator de dificuldade no momento de efetuarmos a venda. O bom da história foi que aprendemos a lição sobre compra e venda de imóveis.

Após a experiência negativa na primeira compra de um imóvel, tornei-me um especialista no ramo. Passei a colaborar com vários amigos na hora de escolher um imóvel para comprar, opinando sobre localização, altura, posição em relação ao sol e, principalmente, a possibilidade de valorização futura do bem.

Adquirir um imóvel, seja residencial ou comercial, também requer algum conhecimento em finanças. É necessário saber avaliar corretamente o momento mais oportuno para a aquisição, conhecer as condições de financiamento, se a compra for a prazo, e verificar o impacto no orçamento do comprador. Não convém ter um imóvel próprio e passar por aperto financeiro a partir da compra do bem. Entendo que quem adquire um imóvel não faz planos para se desfazer dele, mesmo em momentos de dificuldade financeira. E essa possibilidade deve ser levada em consideração na hora de decidir pelo investimento.

Mesmo quando o comprador dispõe dos recursos financeiros necessários para comprar a vista o imóvel, é preciso avaliar as alternativas do momento para conhecer as vantagens em curto prazo. A título de exemplo, se alguém compra um imóvel por 500 mil reais, mediante pagamento a vista, essa pessoa precisa avaliar quanto esse capital renderia se fosse utilizado para aplicação financeira em um ano e quanto essa pessoa gastaria nesse mesmo período para morar de aluguel em um imóvel semelhante, situado no mesmo condomínio. Essa análise passa também pela valorização do bem após o momento da compra. Em alguns casos que analisei, manter o dinheiro bem aplicado e pagar o valor do aluguel mensal mostrou-se muito mais vantajoso, do ponto de vista financeiro. A situação da economia do país também deve ser levada em consideração nessa análise. Se a inflação estiver controlada, não haverá riscos para quem decide manter seu capital bem aplicado e morar de aluguel por um período razoável, até equacionar melhor a sua vida financeira.

O que eu considero inadequado e desaconselhável é ter um imóvel próprio e não ter como proteger-se de eventuais situações imprevisíveis. Esta lógica não se aplica para todas as situações e varia de acordo com o perfil de cada pessoa ou de cada família. Quem tem bom emprego, com estabilidade, pode optar pela compra de forma tranquila. Mas um empreendedor, por exemplo, deve avaliar essa questão com base em perspectivas futuras de seu empreendimento. Sou de opinião que a prioridade deve ser o empreendimento e não a casa própria. Esta poderá ser adquirida em um futuro não muito distante, com o sucesso do empreendimento, em condições bem mais favoráveis.

Estudos

Ao longo de nossa vida, convivemos com muitas atividades que provocam estresse. Lembro-me que, quando eu era criança, fui obrigado por meu pai a estudar matemática com uma professora que dava banca da disciplina. Eu tinha muita dificuldade para lidar com várias operações, mas meu pai teve o cuidado de me proporcionar um reforço no estudo daquela matéria no curso primário. Talvez aquela banca tenha sido meu primeiro convívio com o estresse nos estudos. Eu não gostava da professora e não conseguia aprender os cálculos matemáticos.

Estimular os filhos a estudar sempre foi e será uma justa preocupação para muitas famílias. Nada poderia ser mais louvável. O que às vezes não percebemos é que o excesso de cobrança em relação ao desempenho escolar desperta grande insatisfação nos adolescentes. Muitos podem ter outras vocações e são várias as histórias de pessoas bem-sucedidas na vida sem se dedicarem ao estudo.

Creio que o modelo de ensino básico, ainda vigente no Brasil, requer muita dedicação para se obter pouco conhecimento útil. Quando eu estudava a sexta série do primeiro grau, precisei aprender, com algum sacrifício,

Geografia Geral, História Geral, Inglês, Latim e Português. Aprendi também algumas equações matemáticas que até hoje não foram necessárias na minha atividade profissional. Naquela época, os jovens estudantes conviviam com o rigor do ensino público, que de fato era de boa qualidade. Mas todos tinham sintomas de estresse, e estudar gerava sensação de sofrimento.

Do meu ponto de vista, o processo de ensino continua distorcido, porque as escolas exigem dos alunos conhecimentos que não são úteis para a vida prática. Raras são as exceções de cursos que ensinam apenas o necessário para a formação profissional de seus discentes. A matemática, na sua forma mais complexa, é um exemplo de disciplina assim.

Lazer

Quando minhas filhas eram crianças, eu participei muito de seus momentos de diversão. Nós frequentávamos parque aquático, parque infantil, praia, hotel-fazenda e outras opções de lazer. A minha preocupação maior era com a qualidade dos serviços prestados naqueles locais. Por intuição, eu evitava qualquer oferta de promoção não justificável, pois além de haver grande demanda no período das ofertas, com consequente comprometimento na qualidade dos serviços, também aumentava o risco de acidentes.

Há vários registros de acidentes com crianças em ambientes de diversão. Lazer é para gerar alegria, bem-estar e, principalmente, deve proporcionar a segurança de todos. Se a diversão for transformada em acidente, mesmo que de pequena proporção, o estresse gerado não compensa a economia obtida em eventuais promoções.

Em outras situações, é possível conseguir boas ofertas de serviços com muito menos probabilidade de riscos à segurança e sem comprometimento dos serviços prestados. Essas opções são apresentadas em períodos de baixa estação de hotéis e restaurantes, quando há ociosidade natural nesses estabelecimentos, com pouca frequência de usuários para os serviços que são disponibilizados.

É importante planejar com antecedência as viagens em períodos pouco concorridos, pois a baixa estação pode reduzir a qualidade dos serviços em alguns estabelecimentos.

Razão e emoção

Comecei a ter responsabilidade com trabalho aos 14 anos. Perdi boa parte da infância, porque precisava ajudar meu pai no depósito de bebidas e alimentos que ele tinha em sociedade com minha mãe. Desde cedo meu pai notou que eu tinha jeito para cuidar das atividades do pequeno empreendimento e me passou algumas tarefas que precisavam ser cumpridas da melhor forma possível.

Depois de alguns anos, comecei a trabalhar em um emprego formal, com carteira assinada, e continuei com o mesmo nível de preocupação de quando ainda era mais jovem. As cobranças eram mais intensas e isto me fez conviver mais cedo com o estresse.

Tentando amenizar essa minha maneira preocupada de ser e viver, pesquisei e estudei sobre psicologia do comportamento humano. Li alguns livros bons e fiz várias reflexões que me ajudaram a perceber que não é possível uma pessoa viver só de emoções. A razão, acompanhada de uma lógica bem estruturada, deve fazer parte do nosso dia a dia, porque isto nos possibilita entender que precisamos equilibrar bem os diversos sentimentos que nos ocorrem.

Se levarmos a vida muito a sério, ela se transforma em pesado fardo. Eu sei que não é fácil, mas é necessário utilizar um pouco da filosofia popular para amenizar esse peso. Essa filosofia afirma que, se preocupação resolvesse todos os nossos problemas, bastaria a pessoa deitar e acordar preocupada e, pronto, ela não teria mais queixas ou reclamações.

Colocar em prática algumas atitudes racionais requer ações conscientes e focadas na ideia de que o que não tem jeito, jeito está dado. Quando este comportamento é adotado de maneira equilibrada, nós conseguimos reduzir muito nossa preocupação. Além das leituras de bons textos, também aprendi a meditar, orar e respirar lentamente. Eventualmente faço retiro espiritual, quando vivencio novas emoções que o cotidiano não nos permite experimentar.

Deixar fluir a emoção e exercitar o uso da razão é uma habilidade que precisa ser desenvolvida por quem deseja viver em sintonia diária com esses dois aspectos. Todavia essa prática não deve interferir de forma negativa nas decisões mais importantes da nossa vida.

Padrão de vida ideal

Estou convencido que o ambiente em que vivemos pode influenciar nosso comportamento. Esta ação acontece com a maioria das pessoas e creio que faz parte da essência da natureza humana, embora haja exceções.

Os pais influenciam seus filhos e isso ocorre com bastante frequência. Há situações opostas também, quando os filhos não aceitam o modo de vida dos genitores. A partir dessas divergências de opinião, que quase sempre resultam em conflitos e discussões, surge a necessidade de harmonização e um dia alguém decide deixar de lado a vida do outro para viver do seu modo, da forma que considera ser mais adequada.

O padrão de vida ideal para a maioria das pessoas pode pressupor que elas precisam ter tudo que desejam ou acreditam que seja necessário naquele momento. Esse comportamento foi sendo alterado, no mundo inteiro, a partir de mudanças de alguns hábitos que foram sendo introduzidos no cotidiano da vida moderna. Tem um ditado popular que afirma: quem nunca viu não sente falta, ou, então, o que os olhos não veem o coração não deseja. Estas frases refletem muito bem a ideia de padrão de vida, com base em conceitos e valores sociais vigentes.

Há mais de meio século, no Brasil, presenciei que em muitas residências das cidades do interior e da zona rural não havia energia elétrica e fogão a gás. As cidades do interior das regiões Sul e Sudeste eram mais próximas do progresso, que aos poucos ia chegando às grandes cidades. Mas, na região Norte do país, havia muitas localidades que não conheciam o que existia de mais moderno naquela época.

Atualmente, é difícil uma pequena cidade brasileira não dispor de energia elétrica, gás liquefeito, telefonia fixa ou móvel e sinais de TV. Tudo isso passou a ser considerado necessário para as pessoas nos dias atuais. Todavia é provável que algumas comunidades ainda conseguem viver sem esses serviços. Elas estão localizadas em regiões muito distantes, em todas as regiões do país. Muitas áreas dessas não contam com serviços essenciais como água tratada e esgoto. Os habitantes desses lugares ficariam felizes, desde que pudessem dispor de serviços da moderna tecnologia, desde que primeiro fossem atendidas suas necessidades básicas.

A concepção de padrão de vida ideal varia em função daquilo que cada pessoa estabelece para seguir vivendo. Cada sociedade ou cada grupo social estabelece seus próprios parâmetros, que servem de base para definir seu padrão de vida ideal.

Convém observar que esses desejos mudam à medida que novas demandas vão surgindo. No Brasil, até o final da década de 80, as pessoas não sentiam falta de telefone celular. Atualmente é bem difícil convencer alguém aqui de que esse pequeno equipamento tecnológico é desnecessário.

O padrão de vida está diretamente associado ao meio ambiente e ao sucesso pessoal e profissional. Tem muito a ver também com a posição de cada indivíduo na pirâmide social e isto serve de referência para definir alguns conceitos de divisão de classes. Esta luta por posição mais alta na pirâmide social é que gera grandes conflitos, principalmente em áreas mais populosas do Brasil e do mundo.

Entendo que seria considerado padrão ideal de vida aquilo que permitisse ao cidadão, em qualquer parte do mundo, viver em condições dignas, com direito a moradia decente, boa alimentação, educação e saúde.

Utilidade *versus* necessidade

Você já adquiriu algum utensílio doméstico porque o equipamento lhe chamou a atenção em uma loja de departamentos? Eu já realizei várias compras assim! Aparelhos modernos, com design arrojado e formas atraentes sempre me seduziram na hora da compra. Também levei em consideração, em um primeiro instante, as inúmeras utilidades e vantagens do aparelho demonstradas pelo vendedor na hora de realizar a venda.

O último equipamento dessa natureza que adquiri foi um excelente multiprocessador. Fazia quase tudo na cozinha. Ao que eu não atentei foi que a nossa secretária do lar tinha pouca instrução e não sabia utilizar vários recursos daquele equipamento. Além disso, era preciso alguns cuidados especiais antes de guardá-lo, porque muitos resíduos de alimentos ficavam retidos em suas partes internas. A secretária precisava de algum tempo a mais para lavar com atenção, enxugar e guardar o aparelho. Esse processo de limpeza do aparelho resultava em pouca utilização da peça, com algum risco de oxidação por falta de uso e porque moramos próximo à praia.

Durante vários anos, eu fui consumidor compulsivo de diversos aparelhos modernos de uso no lar. Com o passar do tempo, observei que vários desses aparelhos tinham de fato grande utilidade, mas pouca necessidade para nossa residência, embora fossem muito interessantes para quem sabe fazer bom uso dos recursos neles disponíveis. A tarefa de cortar cebola ou alho, bater clara e gema de ovo, moer carne e triturar tempero verde fica muito fácil quando utilizamos esses equipamentos modernos. Todavia a pouca demanda diária, verificada no meu caso, não justificava continuar adquirindo e mantendo em casa essas máquinas apenas para enfeitar a cozinha.

A partir de um determinado momento, cheguei à conclusão que não precisava mais desses utilitários e a nossa secretária doméstica não reclamou da falta deles. Tornamos nossa cozinha mais prática e menos onerosa. Também economizamos bastante o consumo de água e de energia. E reduzimos o estresse de nossa secretária, que era visível quando ela precisava realizar a limpeza de algum aparelho.

A necessidade potencial deve ser o primeiro critério para se adquirir alguma coisa. Se a regra para a tomada de decisão não for esta, corremos o risco de manter em nosso lar muitos equipamentos úteis, de boa qualidade, mas de pouca necessidade no dia a dia. Essa lógica pode ser aplicada para as diversas situações e atividades do nosso cotidiano. Para que serve um excelente forno elétrico, de alta potência, se a residência tem poucos moradores ou pertence a um casal sem filhos que recebe poucas visitas e não sabe utilizar a máquina? Ainda, qual a necessidade de blusas de lã e couro, que protegem o usuário de frios mais intensos, se esse usuário vive a maior parte de seu tempo em uma região muito seca e quente e não faz planos de viajar para regiões frias, onde ele pudesse utilizar essas roupas?

A decisão de comprar um bem deve ser tomada a partir da correta avaliação sobre sua utilidade e sua provável necessidade. Ao não levar em conta essa observação, ficamos com a falsa sensação de que um produto bom e útil pode se transformar em objeto inútil por falta de uso, que só ocuparia espaço em algum lugar da casa.

Preço *versus* qualidade

Lembro-me que, quando eu era adolescente, ouvia meu pai dizer que saber escolher alguma coisa é uma atitude inteligente. Não me recordo ao que ele se referia especificamente, mas sei que havia uma conotação genérica e filosófica em sua fala.

Quando, eventualmente, ele percebia que um determinado bem ou serviço não lhe agradava, ele classificava aquilo como "uma porcaria". Este termo corresponde a vários outros que são impróprios para se classificar qualquer coisa. Os significados mais brandos que encontrei para essa palavra foram: sujeira; imundice; lixo. Outras definições são ofensivas e inadequadas para serem citadas em um livro que trata sobre estresse.

Quem experimenta adquirir produtos de qualidade, qualquer que seja a destinação, reconhece logo a diferença que há na comparação com outras peças similares, sem este requisito. Aprendi, com o passar do tempo, que é melhor esperar um pouco para ter algo bom do que adquirir um produto sem qualidade, mesmo que seja para utilizar por apenas alguns dias. As exceções existem, pois não é fácil alguém adquirir tudo da melhor qualidade. Há o fator capital que interfere de forma direta no processo de escolha.

É interessante eleger uma lista de prioridades para produtos e serviços que precisam ser adquiridos com base no critério da qualidade. Se alguém conseguir aplicar 80% desse critério em tudo que consome ou utiliza, essa pessoa pode se considerar privilegiada. Mas ela não deve abandonar o hábito de ter simplicidade na vida, pois esse gesto representa ato de grandeza em todas as situações.

Pesquise ofertas, mas não fique indeciso

Um senhor ficava muito preocupado em economizar quando ia fazer suas compras semanais. Provedor da família, composta pela esposa e dois filhos, ele tinha uma renda razoável para a média da população daquela cidade. O que o deixava tenso, provavelmente, era ter que fazer pesquisa em vários locais: supermercados, açougues, feiras livres etc. Isto o deixava estressado porque ele sempre pesquisava demais os preços.

Pesquisar preços não é uma prática condenável, mas precisa haver equilíbrio entre analisar e comparar os preços e ficar por muito tempo se deslocando à procura da melhor oferta. Invariavelmente, esse procedimento resulta em muito cansaço e tensão.

A pesquisa de preços pode ser feita quando o valor da compra justificar o tempo gasto em busca de melhores opções. Deve-se levar em consideração também a relevância dessa variação. Dedicar muito tempo procurando a melhor oferta e sofrer desgaste físico e emocional gera considerável nível de estresse. Isto não compensa eventual economia.

Os pontos apresentados a seguir devem ser observados na hora de uma pesquisa de preços.

O produto a ser comprado pelo menor preço é de boa qualidade?

Quanto vale um momento seu de descanso diário?

Será que essa pesquisa de preços vai lhe provocar algum estresse?

Quanto será economizado na compra?

Cada pessoa tem uma resposta diferente para as perguntas acima. A forma de ver a vida para as pessoas pragmáticas não tem o mesmo significado para outras pessoas que são muito racionais. A ideia de economizar não deve ser desprezada, mas a determinação de economizar a qualquer custo pode surtir efeitos indesejáveis nos níveis diários de estresse.

Quando a busca por melhor preço é exagerada, o comprador pode se deparar com outra situação desagradável: a continuada indecisão. Decidir no momento certo, tempestivamente, é uma forma de evitar estresse. Várias oportunidades podem ter sido desperdiçadas porque alguém pesquisou demais ou então demorou muito para tomar a decisão. E isto se aplica em muitas outras situações.

Promoções

Algumas lojas recorrem muito frequentemente a campanhas promocionais para realizarem novas vendas. Essa prática é bastante utilizada no Brasil, mas o mesmo procedimento é aplicado também em outras partes do mundo, principalmente nos Estados Unidos e no Japão, e faz parte de uma importante estratégia mercadológica de várias empresas.

Certa vez, eu e minha esposa estávamos fazendo compras em um supermercado de grande porte localizado no bairro onde nós morávamos. Em determinado momento, o serviço de som do estabelecimento anunciou uma promoção relâmpago de refrigerante. A correria inicial foi grande e a minha esposa conseguiu pegar uma caixa contendo 12 unidades do produto. Cada unidade tinha conteúdo de dois litros e a quantidade seria suficiente para 20 dias de consumo, aproximadamente.

Antes de passar o produto na caixa registradora de pagamento, observei que o prazo de validade vencia no dia seguinte. Isso implicava a necessidade de consumir todas as unidades em dois dias. Não havia nenhum plano de festa ou qualquer outro evento extra para aquele final de semana. Era apenas uma compra de oportunidade, em função da campanha promocional do estabelecimento, que concedia significativo desconto no preço do produto.

Ao constatar o prazo de vencimento, separamos aquela compra, que não foi registrada, e decidimos não levar o produto. Muitas pessoas, que estavam em nossa fila de caixa, não entenderam o porquê da desistência e levaram suas compras, incluindo aqueles produtos em promoção.

O estabelecimento não cometeu nenhum abuso. Apenas deixou de alertar, de maneira objetiva, que os produtos venceriam no dia seguinte. Mesmo assim, muitas pessoas poderiam estar interessadas em adquirir os refrigerantes para utilizá-los em uma festa naquele final de semana.

O que chamou minha atenção foi a correria para disputar uma oferta, sem a menor preocupação com a possibilidade de o produto ficar inservível, se não fosse consumido até o prazo de validade.

Alguém, provavelmente, levou para casa algo que não seria consumido no prazo adequado. Foi uma aquisição por impulso, com o propósito de fazer economia de dinheiro. Se, após a compra, alguém identificou que o produto estava com prazo de validade para vencer, essa constatação pode ter provocado algum estresse.

Livre concorrência

Quando eu era garoto, gostava de acompanhar meu pai durante as compras semanais nas feiras livres da cidade. Ele costumava passar em muitas barracas de frutas, perguntar várias vezes se os feirantes não podiam conceder algum desconto em determinada mercadoria e assim por diante. Esse era o jeito dele lidar com os preços naquela época. Nós morávamos no interior e havia tempo de sobra para ele fazer aquelas pesquisas uma vez por semana.

As feiras aconteciam aos sábados e as compras eram realizadas quatro vezes ao mês. A pesquisa de preços resultava em boa economia mensal. Se as compras fossem feitas no final da tarde, os preços tinham redução de até 50%, pois muitos feirantes não gostavam de levar seus produtos de volta para casa. Muita gente na cidade esperava por aquele momento, conhecido como hora da xepa (pechincha para comprar mais barato).

Atualmente, depois de quatro décadas que deixei o interior, percebo que os mesmos hábitos continuam em vários lugares do Brasil, inclusive em grandes centros comerciais. É como se fosse uma mania nacional pesquisar preços e pechinchar. Esta atitude é justificável, porque há muita especulação em nosso país. É importante salientar que isso ainda acontece porque em vários casos falta criatividade por parte de alguns comerciantes do varejo.

A livre concorrência entre comerciantes e feirantes (essa competição também existe entre as grandes empresas) continua em alta e possibilita que os mais ambiciosos não abusem dos preços das mercadorias expostas à venda. Essa prática de explorar o cliente acontece muito em nosso país, porque algumas pessoas acreditam ou consideram que não é interessante questionar preço.

Em todos os mercados competitivos, a comparação de preços é uma prática adequada e recomendável, desde que isso não provoque irritação ou implique aumento do estresse.

Coberturas de riscos

A contratação de seguro de vida e de seguro para proteção de bens não deve ser considerada uma despesa desnecessária. Além de ser um equívoco pensar dessa maneira, deixar de fazer seguro é um risco que não devemos correr, porque existem reais possibilidades de acontecer um sinistro. E, quando isto acontece, precisamos estar prevenidos para enfrentar o problema.

Um amigo meu adquiriu um veículo novo e achou que contratar seguro naquele momento seria um gasto exagerado, que não valeria a pena. No dia seguinte, ele percebeu que seu automóvel não estava na frente do prédio onde ele morava. Ficou sem o veículo e com o compromisso de pagar as parcelas do financiamento.

O primeiro erro do meu amigo foi ter tirado o automóvel da concessionária sem contratar um seguro para cobertura de riscos. Poderia acontecer um acidente de trânsito durante o percurso, um atropelamento em via pública e outras ocorrências indesejáveis que eventualmente surgem quando estamos no trânsito das médias e grandes cidades brasileiras. Nos pequenos municípios, embora a incidência seja menor, a possibilidade de acontecer acidentes também existe, mas a probabilidade é menor.

O segundo erro dele foi ter deixado o veículo dormir na rua, em frente ao prédio em que ele morava, sem qualquer proteção adicional (trava, alarme etc.) O veículo ficou exposto ao risco e foi roubado.

Da mesma forma que o seguro de veículos é importante, outras coberturas de risco também são necessárias. Eu tenho hábito de fazer seguro para quase tudo. É verdade que isso gera um gasto adicional, mas me deixa mais tranquilo no meu dia a dia. Tenho seguro de vida, seguro residencial e seguro de saúde. Ter essas coberturas não significa que a pessoa deseja utilizá-las, mas isso permite que ela fique menos estressada com a possibilidade de algo dar errado. E seguro não é para ser utilizado mesmo. É uma ação preventiva.

A possibilidade de acontecer um sinistro na vida das pessoas é realmente muito pequena, mas, quando o problema surge e nos pega de surpresa, o susto é muito grande e o estresse é intenso. Não vale a pena correr este risco. Isto só se justifica se a contratação for completamente inviável, do ponto de vista financeiro. Contratar um seguro proporciona mais tranquilidade para quem dispõe de um bem de valor significativo e não está disposto a levar susto.

No Brasil, há muitas seguradoras conceituadas que oferecem boas opções de negócio. É recomendável ouvir a opinião de um corretor dessas instituições a fim de conhecer a melhor forma de contração desse importante serviço.

Felizmente, já existe uma consciência formada pela maioria das pessoas em relação à necessidade de se contratar seguro para proteção pessoal e patrimonial.

Arquivos

Eu já experimentei situações muito desagradáveis para manter guardados alguns documentos. Em um dos armários de nossa residência estão armazenados vários álbuns de fotografias, com registros de eventos ocorridos há mais de 30 anos: turismo do casal, nascimento das filhas, aniversários, batizados, passeios pela cidade, viagens e outros momentos do convívio em família. As lembranças são boas, porém acredito que a forma de as guardar não é mais adequada. Álbuns antigos empoeirados, fotos estragadas e real possibilidade de fungos nos ambientes da casa representam riscos para a saúde de todos na residência.

Com o surgimento das novas tecnologias, que estão cada vez mais evoluídas e disponíveis, o gasto com a digitalização de todas as fotografias guardadas em álbuns velhos seria compensador. Isto possibilitaria ainda converter todo o material em vídeos, produzindo imagens de qualidade e tornando mais prático e fácil acessar e visualizar aquilo que fosse de interesse. Os arquivos poderiam ser indexados por data de evento, com anotações para facilitar a identificação dos meses e anos dos registros.

Além de álbuns com fotografias, há outros materiais que também ficam guardados em diversos ambientes do nosso apartamento. Sei que é um hábito natural da maioria das famílias, mas confesso que isso gera, pelo menos em algumas pessoas, um estresse desnecessário. Quando é preciso manusear esse material para limpar o ambiente ou para trocar de lugar, a reação alérgica em quem estiver próximo é inevitável. Talvez um pouco de desapego também ajude, porque muitos objetos ficam intocáveis por longos períodos, pois são poucas as oportunidades de utilização desse material.

De outro modo, uma caixa de ferramentas, contendo utensílios como parafusos, porcas, fitas isolantes e mais alguns itens necessários, poderia ser útil em determinado momento. Esse material precisa ser mantido em local de fácil acesso da residência. A chance de haver necessidade de uma fita veda rosca em casa não é remota.

Descarte remédios vencidos

Temos o hábito de manter guardados, em casa ou no trabalho, vários medicamentos que já utilizamos em algum momento. Esses remédios foram necessários por algum motivo e, provavelmente, alguns tiveram prescrição médica.

É grande a possibilidade de medicamentos ficarem vencidos, após longo período sem utilização. Manter esses remédios guardados representa riscos para a saúde, com possíveis consequências desagradáveis. A ideia de economizar dinheiro guardando produtos para a saúde precisa ser vista com muito cuidado. Adquirir a quantidade mínima que for necessária para o momento é a alternativa mais apropriada, desde que isto seja possível.

Alguns medicamentos de uso mais frequente podem ser mantidos guardados desde que se observe o prazo de validade deles. Mas é necessário que seja guardada também a bula para que possa ser seguida a recomendação médica inicial.

Os antigripais, antialérgicos, cremes hidratantes para proteção da pele e outros produtos de utilidade provável são os itens que podemos ter em estoque em casa. O que não deve ser mantido guardado são remédios com pouca probabilidade de uso. Isto não representa economia significativa e é grande o risco de eles provocarem danos à saúde, principalmente se houver crianças em casa.

Alimentos perecíveis

Qual deve ser o prazo estabelecido para que determinado alimento permaneça guardado na geladeira? E qual a melhor forma de proteção para esse alimento ficar bem conservado? Devemos congelar ou não congelar os alimentos que já foram servidos e sobrou parte?

Estas questões são pouco levadas em consideração quando o assunto é economizar. O que importa para muitas pessoas é não perder as sobras de alimentos.

Na maioria das residências brasileiras, as pessoas que trabalham fora não têm tempo e disposição para monitorar os alimentos que ficam guardados. Esse acompanhamento demanda tempo e atenção. Vários produtos são altamente vulneráveis, do ponto de vista da deterioração. Mantê-los guardados na geladeira, sem observar os cuidados necessários para sua melhor conservação, pode provocar danos à saúde dos usuários.

Alergias, infecções, intoxicações e outras reações do organismo humano podem gerar mais malefícios do que eventual economia de dinheiro.

Fazer revisões periódicas nos estoques de alimentos, observando-se data de validade e tempo máximo de estocagem, pode evitar riscos para a saúde.

Revisões de veículos

A vida útil de um bem, assim como aconte-ce na vida dos seres humanos, depende de cuidados recebidos ao longo dos anos. No caso dos veículos, os fabricantes condicionam a garantia oferecida ao cumprimento de revisões definidas. A observância dessas revisões é que vai assegurar mais tranquilidade para o proprietário do bem.

Quando a obrigatoriedade de fazer revisões acaba, muitos proprietários de veículos não se preocupam em dar continuidade a esse serviço. É a partir desse momento que podem surgir gastos extras e riscos de acidentes, pois, mesmo não sendo obrigado, fazer a manutenção preventiva é uma atitude inteligente. Os gastos com esse serviço não são considerados despesas inúteis e, sim, investimento na segurança das pessoas e do próprio bem.

A vida útil de um automóvel pode ser prolonga-da por mais de dez anos, além daquela já prevista pelo fabricante, se as revisões e manutenções preventivas forem realizadas nos prazos estabelecidos e nas condições determinadas no manual de segurança do veículo, que é entregue ao proprietário no ato da compra do bem.

Por outro lado, quando os proprietários são con-vocados para fazer revisões extras em seus veículos, por meio de *recall*, é porque o fabricante identificou alguma situação de risco que não fora descoberta durante as revisões. Isto significa que, mesmo recomendando a realização de manutenções periódicas, os bons fabricantes não negligenciam nos cuidados em manter os usuários sempre seguros. Isto faz parte de uma política de qualidade e também do cumprimento de normas específicas definidas pelos órgãos de fiscalização de cada país.

Desapegue sem sofrer

Muitas pessoas não doam, não emprestam, não trocam e não vendem aquilo que deixou de ter utilidade para elas. Em diversas ocasiões, eu fui surpreendido por atitudes de alguém que guardava grande quantidade de objetos obsoletos ou em desuso. Ao ser perguntada porque guardava por tanto tempo aqueles objetos sem utilidade, a pessoa explicava que eram lembranças que não desejava esquecer tão cedo. Roupas velhas, sapatos, camas, cadeiras, pneus de bicicletas e vários outros bagulhos, no sentido popular da palavra, ficavam armazenados em um canto da casa.

O jornal *Folha de São Paulo* publicou, diversas vezes, informações com os seguintes dizeres:

> "Moradores poderão se desfazer, neste sábado (indicava a data), de móveis e eletrodomésticos quebrados, restos de madeiras, pneus e demais objetos inservíveis em mais uma edição da operação Cata-bagulho." (*Folha de São Paulo*).

A Operação Cata-Bagulho é uma ação gratuita que a Prefeitura de São Paulo realiza para recolher materiais inservíveis.

Em muitas cidades do Brasil, seria interessante que acontecessem operações semelhantes. Além de educar os munícipes para o risco de obstrução de vias públicas e córregos, por colocação indevida desses objetos, isso proporcionaria também a oportunidade para que pessoas que não desgrudam de seus bens materiais, mesmo quando eles se tornam inservíveis, tomassem a iniciativa de se desfazer desse material.

Algumas pessoas tentam justificar o apego alegando a possibilidade de um dia precisar utilizar uma parte do bem (um pé da cama, por exemplo). Mas creio que muita gente não consegue se livrar do hábito de guardar coisas antigas, mesmo sabendo que não vai mais precisar daquilo.

Eu exercito o desapego sempre que identifico algo que já ultrapassou o tempo máximo de permanência. Estabeleci, em comum acordo com todos em casa, após alguns questionamentos normais, que esse tempo máximo é de 24 meses. Pretendo reduzir o prazo para 12 meses, mas por enquanto já é um avanço, pois já guardamos objetos por mais de cinco anos, sem vislumbrar nenhuma utilidade para o presente ou para o futuro. Também já doamos muitos itens que, embora não fossem mais úteis para nós, tinham algum valor para outras pessoas. Nossa última doação foi uma geladeira que, embora ainda estivesse em boas condições de uso, ficou pequena para nossa necessidade diária.

Exercitar o desprendimento material é uma prática que produz sensação de bem-estar, além de nos libertar de eventual sentimento exagerado de posse. Não consigo acreditar que precisamos de tudo aquilo que mantemos guardado em algum lugar de nossa residência, se já passamos vários meses ou anos sem ao menos olharmos para aquele objeto.

Pensar na possibilidade de economizar com atitudes assim, guardando objetos inúteis, pode ser uma forma de acumular estresse.

Um pouco sobre finanças

Você acredita em Papai Noel? E em conto de fadas? Eu deixei de acreditar nos dois desde que me lembro. Mas se sua resposta for positiva, você certamente acredita também em tudo que algumas empresas divulgam diariamente em seus anúncios comerciais e promocionais.

Quando faço comentários dessa natureza em sala de aula, alguns alunos ficam perplexos com as explicações que apresento. Começo esclarecendo sobre o valor do dinheiro no tempo. Este é um posicionamento do ponto de vista apenas financeiro, diferente daquele que abordo neste livro sobre tempo livre e ócio criativo. Na explicação que apresento aos alunos, sempre considero a possibilidade de ganhos financeiros efetivos, que agregam valor ao dinheiro quando este é aplicado por algum período, em um banco ou outra instituição financeira que pague boa remuneração ao capital aplicado. Essa lógica é fácil de entender: quanto rende a caderneta de poupança em um ano? Qualquer que seja a resposta, esse é o valor do dinheiro no tempo. Esse atrativo é conhecido na linguagem financeira e acadêmica como taxa mínima de atratividade ou TMA.

A lógica que se verifica, em qualquer lugar do planeta, é que a cada mês os bens, inclusive o capital financeiro, mudam de valor. Essa mudança ocorre para mais ou para menos. Se você adquire um carro novo, por exemplo, e a inflação está controlada, a lógica é que o valor desse carro será reduzido a cada ano que passar. Com base neste mesmo raciocínio, ainda considerando que a inflação esteja estabilizada, se guardarmos algum dinheiro por um ano, ao final desse prazo o valor depositado será atualizado para mais por causa do rendimento auferido. Se esse dinheiro ficasse guardado em um cofre em casa, ele teria deixado de ganhar o rendimento da poupança e, por essa razão, haveria perda financeira no tempo.

Desse modo, considerando o raciocínio apresentado no parágrafo anterior, se uma loja anuncia que vende determinado produto para receber em 24 parcelas mensais sem juros, ou esse estabelecimento está renunciando a parte significativa do lucro ou então aumentou bastante o preço de venda para que seja possível conceder esse prazo. Em se tratando de mercado brasileiro, não há explicação que convença qualquer pessoa que possua algum conhecimento em finanças de que é possível conceder prazo de 24 ou até 36 meses sem juros. Realizar vendas parceladas sem cobrança de juros, em uma economia com inflação e com taxa mínima de atratividade acima de 6% ao ano, que é a situação que se aplica ao Brasil no contexto atual, significa renunciar mensalmente ao ganho com a aplicação financeira, sobre o valor do saldo parcelado não recebido a cada mês.

O que muitos consumidores não sabem, porque isto também não é esclarecido por vendedores no momento em que é realizada a operação de venda, é que várias instituições financeiras preferem que as transações comerciais sejam realizadas mediante venda a prazo, porque assim elas ganham com a cobrança de tarifas e outros encargos financeiros legalmente permitidos naquela transação. Essas instituições repassam para o estabelecimento que vende parte do valor da operação ou o valor integral da venda a prazo, em forma de antecipação de recebíveis, e administram mensalmente o saldo devedor do comprador.

Essa modalidade de venda pode ser realizada de diversas formas, sendo que atualmente a mais usual é a venda por meio de cartão de crédito.

A título de informação adicional, é interessante observar que essas operações também acontecem em outros países. A principal diferença é a taxa de inflação de cada um deles, de modo que o efeito financeiro sobre os preços seja mínimo.

Para exemplificar, apresento as taxas comparativas de inflação anual de alguns países, incluindo o Brasil, em ordem decrescente.

Dezembro / 2016

Países	%
Brasil:	6,29%
Rússia:	5,40%
Índia:	3,41%
México:	3,36%
Indonésia:	3,02%
Estados Unidos:	2,10%
China:	2,10%
Alemanha:	1,70%
Reino Unido:	1,60%
Espanha:	1,60%
Canadá:	1,50%
Coreia do Sul:	1,30%
Austrália:	1,30%
Zona do Euro:	1,10%
França:	0,60%
Japão:	0,50%
Itália:	0,50%

Os índices de inflação aqui apresentados são referentes ao mês de dezembro de 2016 e foram obtidos por meio de pesquisa na *internet* em:

http://pt.tradingeconomics.com/country-list/inflation-rate

As variações mensais de inflação alteram o índice acumulado em cada ano. Isto significa que esses índices modificam a posição dos países a cada mês.

Vale observar que, no grupo citado, o Brasil era o país com maior índice de inflação anual acumulada. Essa posição explica porque vender a prazo no Brasil é mais oneroso do que vender na mesma condição em outros países.

Se a comparação for feita entre o Brasil, o Japão e a Itália, cujas taxas dos dois últimos são as menores apresentadas na lista, significa que a inflação anual acumulada aqui em nosso país é 12 vezes maior do que nesses dois países comparados. Do ponto de vista financeiro, isso representa uma variação muito grande em termos de inflação anual, com reflexo significativo nas vendas a prazo.

Reveja seus conceitos sobre felicidade

Qual é mesmo o conceito de felicidade? Resolver todos os nossos problemas existenciais? Ganhar na loteria e esquecer qualquer preocupação com a vida? Herdar uma fortuna e ter tudo que quisermos ter, sem ser necessário trabalhar ou ganhar na loteria?

As versões para o conceito de felicidade não nos permitem chegar a uma conclusão razoável. Há evidências de que ser milionário não assegura felicidade para os detentores de riquezas. São muitos os astros e estrelas, das artes e dos esportes em geral, que não sabem lidar bem com suas fortunas. Também são vários os empresários bem-sucedidos que não declaram que são felizes.

Estabelecer uma relação entre corpo e alma poderia facilitar a análise sobre o que seria ser feliz. Após algum tempo de reflexão sobre o assunto, concluí que não há qualquer possibilidade de uma pessoa afirmar que é plenamente feliz, se ela não consegue compartilhar esse sentimento com outras pessoas ou então não percebe que em seu entorno há miséria, desemprego, violência e tantos fatores negativos que modificam a nossa percepção de vida feliz. Creio que não há felicidade plena em nenhum lugar do mundo e que esse sentimento é muito pessoal. É possível podermos acreditar em felicidade individual? Creio que o conforto espiritual pode ser uma sensação de felicidade, mas isto não está ao alcance de todos porque depende de uma vida diferente daquela que a maioria das pessoas planeja ou deseja ter.

Qualquer ser humano pode dizer que é feliz, mas essa afirmação precisa ser observada com cuidado porque pode confundir sensação de bem-estar com momentos de felicidade.

Sobre o autor

Edson Oliveira é contador, escritor e professor, com especialização em metodologia do ensino superior, e autor de vários artigos, contos e livros publicados no Brasil.

É membro da Academia Brasileira de Ciências Contábeis (Abracicon) e da Academia Baiana de Ciências Contábeis (Abacicon), onde ocupa as cadeiras 47 e 23, respectivamente.

Publicações do autor

(Ordem alfabética)

1. A face oculta do casamento
2. A festa no mar do Rio Vermelho (conto)
3. Contabilidade digital
4. Contabilidade informatizada (esgotado)
5. Contabilidade na era da informática (esgotado)
6. Dálias (conto)
7. Economize dinheiro sem acumular estresse
8. Loterias do Brasil
9. Manual de impostos e contribuições (esgotado)
10. O homem que queria conversar com Deus (conto)
11. O planeta Zen (conto)
12. O Quartel de Amaralina (conto)
13. S.O.S. trânsito guia de sobrevivência
14. Se Teorias de infinitas possibilidades
15. Tudo que fiz foi por amor (conto)

Impressão e acabamento

EMPRESA GRÁFICA DA BAHIA

Rua Mello Moraes Filho, nº 189, Fazenda Grande do Retiro
CEP: 40.352-000 – Tels.: (71) 3116-2837/2838/2820
Fax: (71) 3116-2902
Salvador-Bahia
E-mail: encomendas@egba.ba.gov.br

www.ingramcontent.com/pod-product-compliance
Lightning Source LLC
Chambersburg PA
CBHW020510030426
42337CB00011B/311